Wilhelmine Rietz

Geheime Papiere der Gräfin von Lichtenau

Wilhelmine Rietz

Geheime Papiere der Gräfin von Lichtenau

ISBN/EAN: 9783743411111

Hergestellt in Europa, USA, Kanada, Australien, Japan

Cover: Foto ©ninafisch / pixelio.de

Wilhelmine Rietz

Geheime Papiere der Gräfin von Lichtenau

Geheime Papiere

der

Gräfin von Lichtenau

(vulgo Minchen Encken.)

Motto:

Alles in der Welt ist équivoque.

Graf Mirabeau.

================================

Charlottenburg,

im Rietzischen Schlosse. 1798.

Liebes, holdes Weibchen!

Nicht wahr, ich habe Wort gehalten? —
Ich versprach Ihnen, den ohnehin berühmten
Namen Baranius, den einst die männ=
liche Hälfte der rüstigen Berliner schönen Welt,
als Sie noch als Stern der ersten Größe an
dem dortigen Theater=Himmel glänzten, nicht
ohne Rührung und wollüstiger Ekstase aus=
sprechen konnte, durch eine besondere Aus=
zeichnung zu verewigen. Hier ist sie! —

Laſſen Sie nun die Theaterprinzeſſinnen vor Neid und Aerger zerplatzen — ſo wie ſie weiland über Ihre Eroberungen und Ihre fürſtliche Garderobe ſich weiblich ärgerten und grämten — genug! hier ſteht die Ehrenſäule, die den theuern Namen, B a r a n i u s, bei der Nachwelt verewigen ſoll. Sie können nunmehr ganz ruhig in den ſüßen Umarmungen Ihres geliebten R i e tz den Begebenheiten dieſes irrdiſchen Theaterlebens zuſehen, und ſich freuen, daß Sie es überſtanden haben.

Denken Sie nur, wie ausgezeichnet Sie für den Schimpf gerächet worden ſind, den

Ihnen eine ehemalige Zitronenverkäuferin durch die bewußte Kabinetsordre, die Ihnen Berlin und die Preußischen Staaten verbot, vor den Augen Europens zufügte. Man schrieb und schwatzte zu der Zeit über dies Verbot gerade so viel, als hänge davon das Wohl der französischen Republik ab; ja man vergaß sogar auf einige Wochen darüber, über das Gleichgewicht Europens zu schwatzen. Der Vorhang des Dunkels ist gefallen, und jedermann weiß es nun, daß die Lichtenau Ihnen diese mauvais betise gespielt, und A** ihr Colporteur war. Dieser hat die öffentliche Beschämung, und die stolze Dame sitzt nun

in enger Verwahrung, vor der sie auch so
gar der gekaufte Gräsin=Titel nicht
schützen konnte, bewacht von den schönsten
Musketiern, die die Potsdammer Garnison
aufzuweisen hat; indeß Sie in Ihrem Pal=
laste, in eben dem glücklichen Potsdamm,
frohlocken, und die Thoren belachen, die
Ihnen so schimpflich nachsagen: Sie hät=
ten das Alles mit Ihrer S. V. verdient. —
Antworten Sie den Schreiern: Sie wären
nicht die Erste, und würden auch nicht die
Letzte seyn. Halten Sie sich hübsch an
diese Pissiologie, sie ist ein locus commu-
nis, mit dem man sich in Nothfall gar
niedlich verwahren kann.

Schlüßlich muß ich bitten, mich Ihrem Herrn Gemahl bestens zu empfehlen, und ihm von meinetwegen zu sagen: Daß ich ihm die Unart noch nicht vergessen könnte, drei meiner Bittschriften um eine Nachtwächterstelle weiland dem Feuer übergeben zu haben. Wenn ich das hätte voraus sehen können, so würde ich mich, wie viele andre unnütze Menschen, unter die Schürze der Gräfin Lichtenau gesteckt haben: was gilt die Wette, ich wäre jetzt wenigstens bei der neuen Tobaks-Administration angestellt, statt daß ich gegenwärtig noch immer Federn schneiden und den Schutt fremder Thorheiten mühsam nachzeichnen muß.

Leben Sie wohl, und nehmen vorlieb
mit der geringen Ehrenbezeugung, die Ihnen hier öffentlich beweiset,

Ihr

treuer Vetter,
Heinrich Husen
aus Danzig.

Fingerzeig
für den unbefangenen Leser.

Es wird kaum Einer seyn, dem es unbekannt wäre, welche Begebenheiten seit dem Tode Friedrich Wilhelms II. mit der fameusen und allgemein bekannten Gräfin Lichtenau sich ereignet haben. Sie wurde am Todestage des Königs auf Befehl Seiner jetzt regierenden Majestät, gewisser Staatsverbrechen wegen, in dem Marmorpallaste zu Potsdamm mit Arrest belegt. Da der Verfasser so glücklich war, von einem seiner Freunde, der bei der Untersuchungs-Commission als Referent unter den gerichtlichen Papieren zu Charlottenburg gegenwärtige geheime Papiere in einem künstlich verschlossenen Bureau gefunden, die eigenhändigen Aufsätze der Gräfin Lichtenau und ihrer Familie zu erhalten: so glaubte er der leselustigen Welt kein geringes Vergnügen durch die öffentliche Mittheilung derselben zu gewähren. Besonders wird den Wollustforschenden die Geschichte mit dem schwarz atlaßnem Soe p h a manche intereſſante Aufſchlüſſe geben, auch manches bisher Unbekanntes, oder wohl gar Falſches, berichtiget werden.

Sollte ſich die Schaamhaftigkeit irgend eines oder des andern Individuums an den indecenten Ausdrücken, die dann und wann in dieſer Piece vorkommen, ſtoßen; ſo liegt das nicht an dem Verfaſſer ſelbſt, ſondern an den Perſonen, die ſich dieſer Redensarten im gemeinen Leben bei dienten. Gemildert durfte nichts werden, weil ſonſt die Originale verloren hätten.

Uebrigens verſichern wir auf Autortreue, daß wir alles nach der ſtrengſten Wahrheit vorgetragen haben. Und wenn uns unſer Gewiſſen keine Verwürfe macht, ſo dürfen wir ruhig ſeyn; der mag ſich kratzen, dem es juckt, wir haben eine glatte Haut.

Geſchrieben bei kühler Hofluft und leerer Schatulle, auf dem Hüh-nerberge bei Potsdamm den 2ten Nivôſe.

Mütterlicher Rath der alten Encken, an ihre Tochter, Minchen Encken. *)

———

Hab' ich dirs nicht immer gesagt, der verwünschte Kerl würde dir eins anhängen, woran du lange zu lecken haben würdest? — Da haben wir die Bescherung! Nun kannst du Doktor und Barbier hofiren, kannst dir die Knochen mit Merkurius und Salivations-Dekokten, mit Pillen und Klistierspritzen verpesten lassen! —

*) Diese Aufsätze sind zu der Zeit geschrieben, als Minchen mit einem schlesischen Grafen, Matuschka, in Verbindung stand, und sich einer gewissen Krankheit wegen, die sie von ihm geerbt hatte, von ihm trennte.

A

O Minchen! Minchen! warum folgteſt du nicht
meinem Rath? — Der Graf iſt zu fariabel,
hurt mit Groß und Klein, überläßt ſich zu ſehr
den Ausſchweifungen der Wolluſt. Die Berliner Mädchen fegen nicht nur ſeinen Beutel,
ſondern haben ihm auch gewiſſe Krankheiten
mitgetheilt, welche ihn längſtens in die Hände
der Aerzte geliefert haben. Ich bitte dich, laß
ab von ihm, du kannſt bei deiner Schönheit
hundert andere bekommen. Und da du einmal
mit dieſer Krankheit behaftet biſt, ſo enthalte
dich aller erhitzenden Speiſen und Getränke,
nimm zuweilen leichte und kühlende Abführun-
gen, als da ſind: Tamarinden, Molken, etwas
Salpeter und Manna; trink zuweilen einen De-
koft von Löwenzahn, eſſe Gemüß, aber ja keine
Eier dazu, wenig Butter, und brauche gar
kein merkurialiſches Mittel. Nachmittags ſchicke
ich dir den Kuno, den die Berliner zwar wegen ſeines lahmen Beins, den Pferdearzt nennen, aber wenn er auch ſchon keine große Pe-
rüke, kein beſetztes Kleid und koſtbare Ringe

am Finger trägt, und ein gravitätisches und
dummgelehrtes Wesen sich giebt, so ist er doch
in venerischen Krankheiten Meister. Kehre
dich also nicht daran, wenn dir etwa sein Aeus-
seres nicht gefällt, und du diese Dinge an ihm
vermissest.

Deine Schwester, Dorchen, hat gestern
in Potsdamm beim Kr — zen geschlafen, und
ist mit einer prächtigen goldenen Uhr und 50
Friedrichsd'or beschenkt worden. Das ist so
eine Speculation! — Denn siehst du, Mins-
chen, mit Matuschka kanns so nicht mehr
lange dauern; der arme Schlucker ist sowohl mit
seinem Vermögen, seiner Gesundheit, als auch
mit seinem Verstande auf das Reine gekommen.
Die Paar lumpen tausend Thaler, die er noch
hat, gehen für die Kurkosten und die schwarze
Louise drauf; laß ihn laufen, und suche den
Rietz in dein Interesse zu locken, der kann dir
beim Kr — zen Zutritt verschaffen, und ist ne-
benbei selbst ein schöner Mann, der dir wohl

manchmal, statt seines Herrn, Spaß genug machen wird. Kömmt der Graf heute Abend, so laß ihn abweisen, und schicke ihm morgen seinen Abschied. Deinem Bruder, Fritze, schicke etwas Geld; der Racker verhurt alles mit der tollen Christel *), und wird wohl noch in der Charite krepiren.

***

Also du bist vom Grafen los? Brav, Minchen! Brav! Halt dich nur noch ein paar Tage zu Bette, und es wird vorüber gehen. Kuno sagt, deine Krankheit hätte nicht viel zu bedeuten; du sollst nur Kühnöl und etwas Rhabarber nehmen, und dich brav mit kalten Wasser abspühlen. — Nun zu etwas Andern: Der Kr—nz hat den Lieutenant K— bei Dorchen getroffen, und in seiner

*) Ein in Berlin ehemals bekanntes Freudenmädchen.

Wuth den ganzen Glasschrank nebst den schö=
nen Porzellan in tausend Grahatstücke zer=
schlagen. Hätte sich der Lieutenant nicht noch zu
rechter Zeit durch die Hinterthüre retirirt, ich
glaube mein Seel, der Kr — nz hätte ihn leben=
dig gespießt. Deine Schwester schalt er eine
Treulose, eine Nichtswürdige. Ich hatte alle
Mühe, ~~ihn wieder zu besänftigen~~. Darauf
schilderte ich dich und deine Reize: „Ach! Ihro
K. H., sagte ich zu ihm; Sie sollten nur mein
Minchen sehen. Das ist ein Engel! Das ist
ein Engel! Augen, so schwarz wie Kohlen,
Zähne, so weiß wie Elfenbein, eine Brust, so
voll und rund wie Borstorfer Aepfelchen; eine
Taille zum umspannen, und ein Dülgelchen *),
so klein, als der Liebeszwinger einer Venus Ana=
diomene. Sehen E. K. H., so ein Mädchen ist
mein Minchen. — Meine Schilderung hat

*) So beliebte Mutter Encken den Ort zu
nennen, der der geilen Lüsternheit des männli=
chen Geschlechts zum Stichblatt dient.

gewirkt, so bald du gesund bist, will er dich sehen. Also aufgepaßt! vorgesehen! Du kannst
noch eine K—che Mätreſſe werden. — Rietz
kömmt morgen zu dir, und vielleicht auch
Chorge, sie werden dir des lieben Herrns Ver-
langen, dich zu sehen, hinterbringen.

* ───────────

Viktoria! Minchen! Viktoria! wir haben
gesiegt! Nun ist es gleich ein ander Leben, als
mit dem lumpichten Grafen. Rietz hat mir
gesagt, daß der Kr—nz nun dein Hauswe-
sen über sich nimmt. Du erhältst fürs erste
Pferde und Wagen, einen prächtigen Schmuck,
eine K—che Garderobe, und zwei hundert Dukaten monatlich. Dies wird dir ein Air de
Qualité geben, und du kannst nunmehr herrliche Supees liefern, kannst deinen Keller mit
köstlichen Weinen versehen. Ach, Minchen!
Minchen! was bist du für ein glückliches Mäd-

hen! — Sorge nur, daß du bald schwanger
wirst, und laß den Dicken nicht aus deinen
Netze. Er soll bluten unter unsern Händen,
und sein Fett wollen wir ihm abzapfen. Passe
ja hübsch auf! und befolge den Rath deiner
liebenden Mutter. Hier schicke ich dir auch
Etwas von dem Pulver, mische es in das
Getränke des Kr.—zen. So bald er davon
trinkt, wird es sein Blut erhitzen, und er
wird nie mehr von dir ablassen können. Auch
erfolgt dabei eine kleine Schachtel mit Robus
rantien; schmiere fleißig dein Dingelchen da
mit, es zieht alle äußere Gefäße zusammen,
und giebt deiner Oeffnung eine neue Spann
kraft. Ich hoffe, es soll dir einst noch mehr
einbringen, als weiland der Gräfin Kofel
ihres. Erinnerst du dich noch, wenn ich euch
des Abends aus dem galanten Sachsen
vorlas, und ihr so herzlich lachtet über Küh
au's witzige Einfälle? Um deinem Gedächt-
niß zu Hülfe zu kommen, so will ich dir eine
Stelle ausschreiben, die mir jederzeit beim Le-

sen vorzüglich gefiel. August fuhr einst in
Gesellschaft der Gräfin Kofel und des lusti=
gen Kühau's nach Moritzburg. Der
Weg geht größtentheils durch Waldungen, wie
bekannt. „Ach! sagte endlich Kühau, wär'
doch dieser Wald mein!" — Und was wür=
dest du damit machen, wenn ich dir ihn
schenkte? erwiederte August. „Ich ließ die
Bäume alle umhauen, lauter Bretter daraus
schneiden, so viel Löcher darein bohren, als je=
des Bret ertrüge. Wenn mir nun jedes Loch
so viel einbrächte, als der Gräfin ihres —
wäre ich nicht reicher als Ihro Majestät?" —
Der König lachte hoch auf, die Gräfin lächelte
nur. — Minchen! ich hoffe, dein Dingelchen
soll dir noch mehr einbringen, und die Gräfin
kann dir mit der Zeit auch nicht entgehen. *)

*) Mutter Encken war auch eine Sybille, und
besaß Divinationsvermögen.

_____

Minchen Encken als Fürstliche Concubine,
an Herzmutter.

Ich bin schwanger, und mein dicker Fritze freut
sich halb todt darüber. Er ist ein kleiner Schwär-
mer, und flattert beständig herum. Vor 8 Tagen ist eine Italienerinn aus Leipzig hier angekommen, ich glaube sie heißt Saporetti,
die sein Kuppler, der verwünschte Franzose,
Dufour, bei ihm eingeführt hat. Sie ist
schon einigemal in Potsdamm beim Kr—zen
gewesen, das hat mir Rietz gesagt! aber nur
Gebuld, ich werde es schon zu veranstalten
wissen, daß es der K—ig erfährt, und dann
muß sie gleich fort, und marsch über die Grenze.
Der K—ig soll gesagt haben: wenn mein Neffe

durchaus nicht ohne Hure leben kann, so ist mirs
lieber, er hält sich an eine Deutsche; denn die
Ausländerinnen kosten zu viel Geld, und könn=
ten wohl auch mit der Zeit Staatsgeheimnisse
ausplaudern. — Ihr Pulver, Herzmutter,
thut seine erwünschte Wirkung; mein dicker
Fritze wird immer darauf so kurrig wie ein Sper=
ling, und kann nicht genug kriegen. Das ge=
fällt ihm, und er meint: er hätte das noch bei
keinem Weibe empfunden. Laß den Wollust=
trunknen in seinem Wahne, sag' ich oft zu mir
selbst, wenn er nur kleben bleibt. Chorge hat
mir gestern eine brillantne Uhr von großen Wer=
the, dergleichen Bracelets und Ohrringe, ein
Bouquett und eine prächtige Halskette mit Me=
daillon und des Kr—zen Portrait geziert,
überbracht. Hier sind 30 Friedrichsdor für den
Bruder, er ist nunmehr mein Stallmeister, muß
meine Briefe nach Potsdamm fördern, und
braucht daher einen Klepper. Die Futterkosten
und seine Equipirung sind nun meine Sorge.

Der K—ig hat die Saporetti glücklich
über die Grenze bringen lassen, und läßt Dufour aufsuchen. Dieser hält sich nun in Berlin verborgen, und hat, um sein ganzes Wesen
noch mehr zu verbergen, den Namen Scho-
sieu angenommen. Der Kr—nz muthmaßet
nichts, daß das Ganze von mir herkömmt, und
ist nach wie vor, zärtlich gegen mich. — Rietz
freut sich auch, daß der verwünschte Franzose
in der Patsche sitzt, denn er könnte ihn leicht
aus der Gunst des Kr—zen drängen, und dann
wärs um uns alle zu thun. Rietz ist ein guter
Junge, der ganz auf meiner Seite ist, und es
gerne siehet, daß sein Herr bei mir aushält.

Der Kr—nz will schlechterdings, daß ich
Rietzen heirathen soll, weil der K—ig seit
der letzten Entdeckung böse auf ihn ist. Es soll
nur Maske seyn, um den alten Krickenstößer das

mit zu täuschen, der, weil er selber nicht mehr
kann, auch seinem Neffen die Freuden des Lebens
mißgönnt.

Ich muß also schon in einen sauern Apfel
beißen, und dem Prinzlichen Schuhputzer die
Ehre erweisen, mich seine Frau nennen zu laſ‐
sen. — Kranz hat ein beißendes Epigramm
in seine Wochenschrift auf mich eingerückt, wor‐
innen er darauf anspielt: daß ich ehemals Pom‐
meranzen, Zitronen und Kienäpfel zum Verkauf
herumgetragen. Der Narr! Schicken Sie ihm
4 Friedrichsdor, und er wird schweigen; denn
der Mann ist ein hungriger Welschreiber, der,
uns liebe Geld aus Teufeln Engel, und aus
Engeln Teufel macht.

―――――――

Der K—ig ist seit der letzten schlesischen
Revue höchst mißtrauisch und mürrisch gegen den
Kr—zen und alle, die von unsrer Klicke sind.

Er läßt strenge aufpassen, wer bei seinem Neffen
aus- oder eingeht. Nur des Nachts kömmt
mein lieber Fritze mit Kourierpferden, die er
immer in Zehlendorf wechselt, zu mir, und
bleibt bis 3 Uhr des Morgens. Um 5 Uhr ist
er schon wieder in Potsdamm, und muß auf der
Parade erscheinen, um keinen Verdacht zu er-
wecken. Der K—ig hat Forcaden nach
Brieg unter das dortige Regiment gesteckt,
weil er, wie er sich ausdrückt, seinen Neffen bei
seinen lüderlichen Streichen Vorschub leistet.
Der Kr—nz ist sehr mißvergnügt darüber, und
hat Forcaden auf beßere Zeiten vertröstet.
Daher mag es auch gekommen seyn, daß er
schon einigemal, wenn ihm der Kopf nicht auf
der rechten Stelle stand, seine Wuth an den
armen Rietz ausließ, und ihm ganz handgreif-
lich mit Stockschlägen regalirte. — Es sind auch
zwei junge Grafen aus Schlesien, Wingersky
mit Namen, in Berlin, mit denen der Kr—nz
viel kommercirt. Wer sind die Burschen? Mein
Bruder soll spioniren und mir raportiren.

Werner aus Breslau und der Forst-
meister Eckstein aus Schmiedeberg haben Geld gebracht. Die dortigen reichen Klö-
ster haben ein Darlehn in Corpore gemacht,
das der Kr — nz bei seiner künftigen Regierung
zu bezahlen versprochen. Es sind wackre Leut-
chens die Werners und Ecksteins, und
haben mir heute mit Rietz ihre Visite gemacht.

Der alte Krickenstößer pfeift auf dem letzten
Loche, und wie Selle und Zimmermann
den Kr — zen versichert haben, kann er es höchstens noch 3 Wochen so treiben, und dann
schwimmen wir oben. Die schönen Goldtonnen
in den Kellern unter dem alten Berliner Schloß
sollen schon hervor. Dann haben wir zu befehlen. *) Mein dicker Fritze thut alles, was ich
haben will, und ich werde ihn so lange gängeln,

*) Leider! die schöne Schatzkammer ist ziemlich
leer.

bis ich ihn ganz in meinem Netze habe. Jetzt brauchen wir bald Vertraute, die uns unter‐ stützen mit Rath und That: denn leider verste‐ hen wir nichts vom Regieren. W—ner und B—der, das sind ein paar Männer, die in unsern Plan taugen, die verstehen das Dings besser.

———————

Das waren lange 3 Wochen, und wir zähl‐ ten mit jedem Glockenschlag die Stunde, die uns die Todespost brächte. Endlich heute Nacht zwischen 1 und 3 Uhr des Morgens hat der alte Brumbär seine Augen geschlossen, und mein Fritze ist K—ig. Denken Sie doch, liebe Herzmutter, mein Fritze ist K—ig! — Mins‐ chen wird nun herrschen, und jetzt beginnt ei‐ gentlich ein neues Leben für uns. — Ich werde unter den Linden mir ein Haus kaufen, es muß neu möblirt werden, und meine Bedienung soll der der K—gin gewiß nichts nachgeben.

W—ner ist Minister geworden, und B—der
Generalmajor und Flügeladjutant. Das sind
unsre Kreaturen, die sollen den gutmüthigen
K—ig schon bearbeiten.

———————

Der K—ig hat seit einigen Tagen öftere
Besuche bei der verwittweten K—gin abgelegt;
meine Spione hinterbringen mir, daß das Fräu-
lein B** dem K—ig sehr aufgefallen und sie
die eigentliche Ursache der öftern Besuche sei.
Ich lasse alle Federn springen, dies zu hinter-
treiben; denn geschieht es nicht, so bin ich verloren. Es ist eine Hofkabale, mich zu entfer-
nen, und eine Adeliche hineinzuflicken, weil ge-
wisse Leute einen größern Einfluß in die Regie-
rungsgeschäfte dadurch zu erhalten hoffen. Die
B** soll ein schönes Gesicht haben, und was
noch mehr ist, äußerst tugendhaft sein: es wird
den K—ig also Mühe kosten, sie zu gewinnen.
Die verwittwete K—gin, die eine sehr gottes-
fürchtige

fürchtige Frau ist, paßt sehr auf, und soll dar=
über laut mit der B** gesprochen haben.
Meine Spione geben auf alles acht, und ich er=
halte auch über die geringste Kleinigkeit Raport
Ich weiß nicht, seit einiger Zeit ist der K—ig
so kalt gegen mich — ich verwette mein Leben,
daran ist die B** schuld. Aber kann ich ihn
nur wieder einmal packen, Ihre Pulver, Herz=
mutter, sollen den Schmetterling schon wieder
kurrig machen. — Man hat es in den öffent=
lichen Schriften und Zeitungen veranstaltet, daß
mein Fritze der Vielgeliebte ist benannt
worden: er glaubt es, und vielleicht auch dieje=
nigen, die das Dings so gesagt haben.

Weh! Weh! und dreimahl Weh! Der
größe Schlag hat begonnen. Die B** hat
eingewilligt und ist die Geliebte des K—igs.
Kann man sich was tolleres träumen lassen, als

B

eine ſolche Bedingung, unter der ſie nachgege-
ben: angetraut an der linken Seite! —
Der Conſiſtorialrath und Oberhofprediger H**
hat für hundert blanke Friedrichsdör die Trau-
ungs-Ceremonie vergangenen Freitag im Schloſſe
zu Charlottenburg vollzogen, ſie iſt förm-
lich K—gin zur linken Hand, und im eigent-
lichſten Verſtande nunmehr regierende K—gin
und Beherrſcherin über den K—ig. Können
Sie glauben, Herzmutter, man hat ſo gar auf
Befehl des K—igs ein ordentliches Geſetz über
die Trauung zur linken Hand zu Gunſten dieſer
erzkomiſchen Winkelmariage entworfen, das
öffentlich dem neuen Geſetzbuch einverleibt worden. Die Welt lacht darüber, macht Gloſſen,
und niemand folgt dieſer Donquiſchotterie. —
Aber, Herzmutter! was wird aus mir? —
Ich muß den K—ig wieder haben, und ſollt
ich ihn aus den Armen der Proſerpina reißen,
ſollt ich ihn aus den Mittelpunkt der Erde, der
Hölle oder des Himmels hervorholen. Mein
muß er ſeyn! mein allein!! Denken Sie

auf Mittel, liebe, goldne Herzmutter! Sey dieses Mittel auch noch so gefährlich: Noth hat kein Gebot. Ich muß mir den Weg zum Herzen meines Fritzen rein machen, ich muß alles mit Gewalt zerreißen, was sich mir entgegen setzt, die B** muß ganz aus der Reihe der Lebendigen verschwinden. Fragen Sie A — lang, W — ner, B — der und unsre Leute, wie das zu machen ist, ich will mir keine Dementie geben, so durch die dritte Person geht das besser.

Die B** ist schwanger, und läßt den K — ig nicht von ihrer Seite. Er ist ganz pöbelhaft in die Marionette verliebt, und thut und handelt nur, wie es ihrer Caprice gefällig ist. Die Stadt sagt, daß sie ihm zu vielen Guten rathe *); ich weiß es nicht. Was nennt man

B 2

*) Buchstäblich wahr. Hätte die edle Seele länger gelebt, der saure Schweiß der Unterthanen wäre nicht so muthwillig vergeudet worden.

gut? Daß er sich, wie ein Tagelöhner, jetzt mehr als ehemals, um die Angelegenheiten des Landes bekümmert, und alles eigenhändig liest? — Ei! wozu hat ein K—ig seine Minister, und wofür bezahlt er sie. Laß die Maulaffen arbeiten, er soll sich amusiren. Die Geschäfte der Regierung ekeln einem viel zu sehr an, als daß man sich selbst damit abgeben sollte. Ist der K—ig wieder ganz mein, dann will ich es ihm schon begreiflich machen, daß meine Philosophie die Beste und Nützlichste für ihn sei; er soll wahrhaftig kein Dintenklexer werden, und sich mit Unterschriften Tage lang die Finger besudeln, das kann Rietz und M**. Apropos! schreiben Sie mir doch die frohe Botschaft, von der Sie neulich schon mündlich etwas sagten. Mit Aqua tofana ist es nichts, Herzmutter, denn so vertraut dürfen wir uns der B** noch nicht nähern. Es muß ein feines schnell wirkendes Mittelchen seyn, das, ohne Verdacht zu erregen, uns von der Närrin befreiet.

So eben kömmt Rietz und meldet mir die Neuigkeit: der K—ig habe die V** zur Gräfin I** heim erhoben. Das Reichsdiplom hat er ihr heute durch Rietz überschickt, nebst einer brillantenen Nadel von hohen Werthe. — Sprechen Sie doch um Gotteswillen mit S** sonst verlier' ich noch den Verstand darüber.

———

Minchen! Minchen! sey nur nicht so hastig! — S** hat für uns alle gearbeitet. Nachmittag schickt er dir das Kästchen, das erst gestern aus B—zig mit dem bewußten Staub angekommen. F**. ist mit Extrapost Tag und Nacht dahin gereist, und hat nur einen Tag in W. ausgeruht. Es kostet 2000 Zechinen; aber 1000 Millionen Zechinen überwiegt seine Wirkung. Nur behutsam und verschwiegen, und ja keinen Vertrauten mehr.

———

Sie ist selig entschlafen, Herzmutter! und
wir können nunmehr ruhig seyn. Die ersten
14 Tage war der K — ig untröstlich, und hat
niemand vor sich gelassen, denn er hat die Märi
rin im Ernste geliebt: aber es soll sich, hoffe ich,
geben. Morgen gebe ich Fete in Charlotten:
burg, und da will ich alle meine Reize aufbie:
ten, den dicken Flattergeist unauflöslich zu fes:
seln. Ihr Pulver, Herzmutter, soll wieder
seine Wirkung thun, und ich habe einige Kräuter
und Blumen bekommen, die den Kopf so bezau:
bern sollen, daß mein Schmetterling wohl soll,
wie ich will.

Briefe über Wien, Italien, Frankreich und Pyrmont. *)

Man kann nicht wissen, lieber A — wie es allenfalls bei einer künftigen Veränderung der Dinge mit mir aussehen mag **). Ich mache

*) Da die Briefe und Aufsätze der Lichtenau bis zur merkwürdigen französischen Revolution und dem Feldzuge gegen die Neufranken, außer den gewöhnlichen Liebesintriquen einer verschmitzten Buhlerinn, wenig Interessantes enthalten, so überschlägt der Herausgeber diese alltäglichen bekannten Dinge, und theilt lieber dem Publikum wichtigere Papiere mit.

**) Prophetin! — Die Millionen, so in der Londoner Bank liegen, und die du dem Lande abgestohlen hast, sind bereits reclamirt.

also fürs erste eine Reise nach Pisa — heißt
es — dort suche ich in sichern Fonds meine Gel=
der, die in lauter sichern Papieren und Juwelen
bestehen, unterzubringen. Laß dann einmal eine
Veränderung vorgehen — weiß ich doch, wohin
ich meinen Cours zu nehmen habe. — Machen
Sie die bewußte Schrift ja recht beißend, denn
sie muß wirken. Die Leute sollen es wissen, daß
ich die Geliebte des K—igs, ihres Herrn, bin,
und daß ich zu befehlen habe. Rieß vernichtet
absichtlich alle Papiere und schriftliche Vorschläge,
die von dorther kommen; auch W— und B—
haben den K—ig schon dahin disponirt, daß er
nichts ohne unsre Zustimmung accordirt. Man
muß nur dem K—ig mit abwechselnden Vergnü=
gungen und Bachanalen zu amüsiren suchen, da=
mit er auch das vergißt. — Die Gräfin
von der M—t beschäftiget ebenfalls den K—
er sucht eine gute Parthie für das liebe Kind.
Es haben sich zwar verschiedene gemeldet und mir
gehofiert, allein mir behagte bisher keiner. Das
prächtige Monument aus cararischen Marmor

für meinen Sohn soll künftige Woche fertig werden.

***

Pisa ist ein angenehmer Ort, wo man sich königlich amusirt, allein ich werde mich deinung geachtet nur 4 Wochen hier aufhalten. Sagen Sie doch B— M— W— sie möchten ja den K—ig gut bearbeiten, bis ich wieder komme. Was ist denn das für eine Geschichte mit der Gräfin D—hof? Ich will doch nicht hoffen, daß der K— im Ernst an diese Kreatur denkt? — daß es nur nicht so weit, wie mit der I—heim kömmt! Dafür sorgen Sie wohl, lieber A— und allenfalls will ich wohl ein Auge zudrücken, wenn der K—ig blos seine Kurzweil mit ihr hat. In W. arbeitet man für mich an dem Reichsgrafen Diplom. Passen Sie ja hübsch auf und raportiren fleißig.

Liebes Rießchen! Ich muß mich von dir scheiden, denn in 6 Wochen bin ich Gräfin! Sey aber versichert, daß das unserm Verhältniß keine andre Richtung geben darf.. Alles bleibt beim Alten, nur die Namen wollen wir umtauschen.

Glaube mir, du lieber Junge, wir beide spielen eine zu glänzende Rolle, als daß wir nicht Neider die Menge haben sollten. Diese zum Schweigen zu bringen, und denen, die uns durch Geburt schaden könnten, einen Daumen aufs Auge zu setzen, werde ich Reichs-Gräfin von Lichtenau. Der W—ner Hof hat Einfluß, und seine Protektion kann mir nutzen. Dafür verlangt man die Kleinigkeit einer lumpichten Allianz gegen Frankreich — ich soll den K—ig dazu bereden. Von W. aus will ich A— W— und B— mehr von diesem Plane melden. Bis dahin lebe wohl, gutes Rießchen, und schaffe alles aus den Vorzimmern des K—igs, was mir Eintrag in seiner Liebe thun kann.

Freund X—! sagen Sie B— daß ihm ein Expresser von mir einen Plan mittheilen wird, vermöge dessen man den K—ig zu bereden suchen muß, eine Reise nach P** zu machen. Der W**er Hof sendet dann eine Einladung an den K—ig, und der Ch** von S** acceptirt die Entrevue. Könnte das nicht gleich geschehen, wenn der K—ig zur Revue nach B** lau geht? Binnen 14 Tagen muß alles abgethan seyn. W* ist ein treflicher Ort, und es gefällt mir hier fast besser, wie zu B*; man hat tausenderlei Abwechselungen. Ich werde von den Großen sehr setirt, auch sind die Addressen von dem K—chen Gesandten alle gut. Die Reichskanzlei hat Befehl, mir ohne Anstand und irgend einer andern Bezahlung, als der gewöhnlichen Taxgebühren, das Grafendiplom auszufertigen. Der K*ser macht morgen eine Reise nach Böhmen, und scheint einen großen Plan ausführen zu wollen. Bereden Sie nur B— zur Zusammenkunft nach P*, wir müssen den K—ig Beschäftigung geben.

Der Feldjäger hat mir die Einladung des
K—igs nach P* überbracht. Vom K*ser hat
er 200 Dukaten, und von mir eine goldne Re=
petiruhr bekommen. Die ersten Tage gehe ich
über P*g nach D*den. Dort ist mein Quar=
tier im Hotel de Saxe bereits angesagt. Die
Nachricht, daß die D*hof in Ungnade gefallen,
und sammt den G*set das Land räumen müssen,
war Harmonie für mein Ohr. B— und W—
sind große Männer; so schlau und fein hätt' ich
sie beide wahrlich nicht geglaubt. Ein schöner
Gedanke, dem K—ig glaubend zu machen, man
habe ihn vergiften wollen. Nun kann er uns
nicht mehr entwischen, er mag wollen oder nicht.

Dresden.

Hier haben wir einen ewigen Taumel von
Vergnügungen aller Art. So kurz die Zusam=
menkunft in P*nitz auch war, so mannichfaltige
Feste glänzten doch. Feuerwerk, Illumination,

Bälle, italiänische Opera Buffa, das wechselte hintereinander, und gewährte mir Vergnügen. L*ld ist nach P*, und läßt sich dort als K—ig von B*men krönen; der K—ig bleibt noch einen Tag länger hier. Ich hab' ihn nur zweimal sprechen können, so belagern ihn die Emigranten und der Bruder des Königs von Frankreich. Der Feldzug ist beschlossen, und wir sind Alliirte der Oesterreicher. Wollen die Franzosen nicht nach unsrer Pfeiffe tanzen, so ist der Plan, nach Paris zu marschieren und dem K*ser Elsaß und Lothringen erobern zu helfen, bereits entworfen. Dafür erhält der K—ig Danzig, Thoren, und einen großen Theil von Pohlen als Aequivalent. Sehen Sie, lieber A—lang, das kann ein Federzug.

Längstens binnen 8 Tagen sind wir in Paris, und sehen die große königl. Opera. Verdun hat der Armee keinen Mann gekostet, und ich befinde mich seit 8 Tagen hier. Voila la Maitroſſé declaré du Roi de Pruſſe! ſagen die Franzoſen. und begucken mich von oben bis unten. Komme ich erſt nach Paris, dann ſollen Sie, lieber A— erſt von mir hören. Wiſſen Sie die Neuigkeit ſchon, daß der K— auf mein Veranſtalten den D*our nach Magdeburg auf die Feſtung geſchickt? Der infame Kerl hat von hier aus an ſeine Freunde nach B*lin geſchrieben: „Das Grobzeug belagere den K—ig unaufhörlich, und verfolge ihn ſogar bis nach Frankreich. Ein ſchöner Ruhm für die Preuß. Waffen!" Glücklicherweiſe iſt der Brief in meine Hände gefallen, und ich hab ihn bei einer günſtigen Laune dem K—ig gezeigt. Er ſchickte ihn nach Magdeburg. Da mag er nun ſitzen und Gloſſen über meine Reiſe nach Frankreich beginnen, ſo viel er will. Ich bin froh, daß ich endlich des verwünſchten Kupplers los geworden.

———————

Wir ziehen uns über Hals und Kopf zurück,
denn das schöne Projekt, durch die Champagne
gerade nach Paris zu gehen, ist leider gescheis
tert! — Dumourier hat mit dem Kr — zen
und den Grafen K — uth eine Unterredung gehabt, worauf sogleich der Rückzug beschlossen
worden. Ich reise über L — burg, T — er gerade nach Fr — furt, und erwarte dort ihre wei-
tern Neuigkeiten. Ich habe von Brüssel
aus an meinen Kommissionär in London aber-
mals eine halbe Million Thaler in Friedrichsdor übermacht, und erwarte von Berlin einen
neuen Transport. Die Engländer gefallen mir
überhaupt und sind scharmante Leute, aber ihre
Soldaten taugen nichts.

Was Sie mir von dem Aufstande in
Breslau melden, der wegen den Ge-
heimenrath W * ner veranlaßt worden, schmerzt
mich außerordentlich, denn Sie wissen, wie viel
wir dem W * ner zu danken haben. Die De-

putirten aus Breslau sind dem K—ige hier in Frankfurt vorgestellt worden. Er hat sie sehr gnädig empfangen, und aus ihrem eigenen Munde den unpartheiischen Bericht über den ganzen Aufstand mit angehört. Er ist höchst aufgebracht über W*nern, und hat ihn vor der Hand ab officio suspendirt. Lieber A—lang, sehen Sie doch, was Sie für den armen W* thun können, er hat außerordentlich viele Feinde. So oft ich von ihm mit dem K—ig rede, sagt er immer: es ist ein schlechter Kerl, man bitte nicht für ihn. — Die eingelaufenen Nachrichten aus Südpreußen werden wohl auf die baldige Rückkunft des K—igs Einfluß haben, wie ich höre. Rietz hat Briefe von W*ner und J*ger bekommen, nebst zwei Berichte an den K—ig, die er ihm heute übergeben wird; vielleicht wirken sie etwas, denn er ist bei Laune.

Laffen

Laſſen Sie mein Palais in Ordnung bringen, ich reiſe noch vor dem K—ig nach Berlin.
Der K—ig geht nach Südpreußen, und
kehrt über Schleſien nach Berlin zurück; L* ſint
und B—werder begleiten ihn ganz allein. Es
müſſen von der K*rin wichtige Depeſchen aus
P*burg eingelaufen ſein, denn das Kabinet iſt
ununterbrochen beſchäftiget. Der K—ig hat
heute ſeinen Entſchluß, die Armee am Rhein zu
verlaſſen und nach Südpreußen zu gehen, ſowohl
der Armee, als den verſchiedenen fremden Ge-
ſandten, die im Hauptquartiere ſich befinden,
bekannt machen laſſen.

Der Prinz von Naſſau hat mir ſchon
einigemal die Cour gemacht, und mich geſtern
mit einem prächtigen Zobelpelz beſchenkt. Apropos, ich habe von einem emigrirten Abee eine
herrliche Invention bekommen. Haben ſie nie
etwas von dem berühmten ſchwarz atlaßnen
Sopha der Pompadour und Louis XV.
gehört? Der gute König war doch ſo hinfällig
durch ſeine häufigen Ritterkämpfe mit der ſchö-

C

nen Pompadour geworden, daß er und sie
auf Mittel pachten, sich die Scene und den
Schauplatz des Vergnügens so reizend und leicht
als möglich zu machen. Es befand sich damals
am Hofe des Königs ein berühmter Arzt, ein
Spanier, mit Namen Azaro, der das ganze
Vertrauen des Königs und der Pompadour hatte.
Einst klagte der König gegen seinen Arzt: er
fände, daß, ohngeachtet seiner gesunden Consti-
tution, und seinen unaufhörlichen Trieben zum
schönen Geschlecht, ihn manchmal das Vermögen des Könnens, selbst beim wollüstigsten
Anblick der Pompadour und allen ihren
Künsten, sein Liebeswerkzeug standhaft zu erhalten, verlasse, und dieser kleine Rebell so
traurig und erschlaft sein Haupt zur Erde sänke,
als ob er nie ein Verbrechen begangen. „Sire,
antwortete Azaro; wollen Ew. Majestät mir
erlauben, zweihundert schönen mannbaren Mädchen Ihres Königreichs, die noch nie ein Mann
berührt hat, die Wolle zu scheren und Ihnen
daraus einen Polster zu bereiten, den Sie wäh-

rend Ihrer Kämpfe Ihrem widerspenstigen Werkzeug unterlegen; so soll es Ihnen nie feh= len, zu können, wenn Sie wollen." Der König lächelte, und meinte: es würde nur an der Schwierigkeit liegen, so viele mannbare Jungfrauen aufzufinden, die sich gutwillig ihrer sanften Haarkraufe würden berauben laffen. „Ich brauche nur Geld, erwiederte Azaro, für das übrige laffen Ew. Maj. mich forgen." Wie gesagt, so geschehen. Das Kiffen wurde zubereitet, und der König hat von der Zeit nie wieder Unvermögen, die Pompadour zu bearbeiten, gefühlt. So wie ich nach Berlin komme, laffe ich das Sopha für meinen Adonis zubereiten, es soll zu Charlottenburg in meinem Schloffe stehen, und Sopha a la Pompadour heißen.

Anmerkung des Herausgebers.

Nun folgen wieder eine Menge Aufsätze, die wenig Interessantes enthalten; über die Reise nach Pisa gewöhnlichen Inhalts. Projekt wegen Verheurathung der Gräfin von der Mark, der Gräfin Tochter. Briefe an Du Bosk, Baumann, Wöllner, Amelang, Schmidts, Rietz, Güldling, Graufort ꝛc. Nachgemachte Cabinetsschriften, Chiffersprache und chemische Recepte zum Betäuben, confortiren. Einige italienische Gebrauchszettel des Aqua tofana und anderer gifttödtender Mittel. Liebesbriefe von verschiedenen Gecken, worunter sogar eine declaration d'amour des F*sten von W*deck aus P*ont sich befindet. Aufgefangene Briefe theils an den K—ig und seine Minister, theils an auswärtige Souveräns und Große. Projekt zu einer großen Anleihe für den K—ig, worunter auch die beliebten Actien der gescheiterten Tobaksadministration gehören. Zwölf Blankets mit der Unterschrift und dem Cabinetssiegel des Königs u. s. w.

Forschen Sie doch nach, lieber A—, wer die Frechheit gehabt, meine schönen Möbeln im Schlosse zu Charlottenbu:g zu zertrümmern, und alles mein Silberzeug in die Spree zu werfen, während ich der Vermählung des Kr—zen und des Prinzen L—is beiwohnte. Freilich rümpften sie die Nase, mich bei der Cour zu erblicken, aber wer kann es der Reichsgräfin von Lichtenau wohl verwehren? — Ich habe Vermuthungen, daß es Offiziers gewesen sind, die der Kr—nz selbst dazu authorisirt hat, denn nimmermehr würde es sonst die Wache vor dem Palais zugegeben haben, ohne Lerm zu machen. Der K—ig hat mir Satisfaktion versprochen, und der Bursche muß Gässenlaufen. Lassen Sie doch die Närrinnen sich über mich zu Tode ärgern, ich bleibe doch wer ich bin, und der K—ig ist unwiderbringlich mein.

Auf meinem Haustheater geb' ich morgen ein sonderbares Festin, wozu blos Damen von meiner Bekanntschaft eingeladen sind. Alles er-

ſcheint in leichten Anzügen, um die Sinne des
K—igs zu reizen. Den Anfang der Luſtbar-
keit macht eine italieniſche Vorſtellung, Hy-
mens Nachtwache genannt. Tänzer und
Tänzerinnen ahmen hier im ſtrengſten Verſtande
die ſchöne Natur nach. Nach der Vorſtellung
iſt Ball. Ein Ball iſt ein herrliches Mittel, die
Sinne zu reizen. Dann bring ich den K—ig
in eine Zaubergrotte, wo meine Ottomane a la
Pompadour ihre Wirkung thun ſoll. Ich hab
die kleine Tänzerin Schulztin dazu abge-
richtet, die eine badende Venus vorſtellen und
den K—ig in die Grotte begleiten wird. Das
ſoll ein Feſt ſeyn! — Neulich ſchon ſagte der
K—ig zu mir: du biſt doch ein gutes Weib,
Mindchen! mit Aufopferung deines eignen Vergnügens ſorgſt du für das meinige.

Pyrmont im Juli 1797.

Der K—ig ist im Ernst gesonnen, Pyr:
mont zu kaufen und die Unterhandlungen wer:
den sehr eifrig betrieben. Das ganze Ländchen
ist sehr verschuldet, und beträgt ohngefähr
200,000 Thaler jährlicher Einkünfte. Der Fürst
hat mir seine Hand angeboten, und glaubt sich
dadurch von seinen Schulden zu retten. Freilich
haben die Titel: Fürstin und Durchlaucht,
viele Reize; aber ich kann dann nicht mehr so
viel würken, wenn ich soweit von Berlin
entfernt bin. Was rathen Sie dazu, A—?
Die französische Truppe aus Hamburg ist hieher
verschrieben, und hat 500 Friedrichsdor zur
Herreise und 500 Friedrichsdor zurück nach Ham:
burg bekommen. Der K— ist schwach, und lei:
det viel von seiner Brustwassersucht; darum ge:
ben wir ihm abwechselndes Vergnügen. Unter
uns gesagt, ich fürchte diesmal sehr viel für sein
Leben. Der englische Doktor selbst schüttelt
manchmal den Kopf so bedenklich, und giebt

wenig Trost. Wenn ich nur erst Eins durchge=
setzt habe, dann mag er in Gottes Namen sich
trollen. Mein Emigrant, Colier, ist ganz
der Mann, wie wir ihn brauchen; ich sende ihn
künftigen Freitag mit den bewußten Papieren
nach Hamburg. Ich hoffe, er wird sein Ge=
schäft gut vollenden, und uns nützlich seyn.
Mein Bruder und Kunaßlus begleiten ihn.

————————————

So weit die eigenhändigen Aufsätze der Grä=
fin Lichtenau, die nach ihrer Verhaftung zu
Charlottenburg in einem Bureau des gelben
Cabinets gefunden worden sind. Der Ver=
fasser erzählt nun weiter die Begebenheiten seit
dem Todestage des K—igs.

Zwei Tage vor dem Ende des K—igs frug
die Gräfin den Arzt: ob es denn wirklich so ge=
fährlich mit dem K—ige wäre, und wie lange
derselbe es noch machen könnte? — Höchstens
noch

noch 24 Stunden, war die Antwort des Arz-
tes. — Die Gräfin ordnete also gleich ihre Papiere, und war wirklich willens, den andern
Morgen zu entfliehen. Die Krankheit des
K—igs vermehrte sich aber, gegen Anbruch des
Tages starb er nach einem harten Kampfe, u
die Gräfin wurde auf Befehl des neuen Monarchen im Marmorschloffe am heiligen See, zu
Potsdamm, arretirt. Man fand bei ihr die
rothe Brieftasche des höchstsel. K—igs, einen
Solitär von ungeheuer großen Werth, und ein
nachgemachtes königl. Siegel. Am baaren Gelde
800,000 Thlr. Die Chatoulle des K—igs war
leer. — Ein Liebling der Gräfin, ein französi-
scher Emigrant, der ebenfalls im Marmorschloffe
und stets in Gesellschaft der Lichtenau war,
wurde zugleich mit ihr arretirt. Man fand
ebenfalls eine verrätherische Correspondence bei
ihm, und er ward auf Befehl des jungen Monarchen sogleich nach der Zitadelle zu Magdeburg gebracht.

D

Noch sitzt diese freche Buhlerinn, und harrt der Entscheidung ihres Schicksals. Schon sind einige Versuche von ihrer Klicke zu ihrer Befreiung gewagt, aber stets durch die Wachsamkeit der sie umgebenden Officiers vereitelt worden. Die Größe ihrer Verbrechen sind namenlos. — Sie, die sich vom Pöbel bis zur Gräfin erhoben, im Glücke sich nicht kannte, so manchen ehrlichen Mann durch ihre frechen Attentate ins Unglück stürzte, den sanften Frieden und die süßen Bande einer großen Familie störte. Nicht Privatleidenschaft, nicht persönliches Interesse, oder wohl gar kleinliche Rache, haben den menschenfreundlichsten, gerechtesten jungen Monarchen, dem Wahrheit, Rechtschaffenheit und Freimüthigkeit über alles theuer sind, die Sache nach den Gesetzen auf das strengste zu untersuchen bewogen; sondern die Lichtenau ist wirklich im ganzen Verstande des Worts: Staatsverbrecherinn! — Als solche erwartet ihrer ein ewiges Gefängniß. Dort mag sie büßen für die Tausende von Schweißtropfen, die sie dem Lande abgestohlen, für die Millionen Seufzer und Flüche, die mancher auf ihr freches Haupt gewälzt, für die Thränen und Verwünschungen des trauernden Patrioten, den man von der Thüre stieß, und der in seiner Verzweiflung Flüche zum Vergelter empor geschickt.

Grabschrift
für die
Gräfin von Lichtenau.

Hier liegt die Gräfin Lichtenau,
Und harrt auf Gottes Gnade.
Bestimmt war schon ihr Knochenbau
Zum Galgen und zum Rade;
Doch ist Verzeihn des Thrones Brauch.
Wie sie gelebt, so starb sie auch,
Verhöhnt von Jedermann,
Und jeder speit den Grabstein an,
Der die Verbrecherin deckt.
Ihr folget ihrer Werke Lohn,
Verachtung, Schande, Pöbels Hohn.
Statt Segen zu erwerben,
Ziert diesen finstern Leichenstein
Nur ewiges Verderben,
Und tausendfache Höllenpein.
Als sie aus dieser Trübsal hier
Gefahren kam zur Himmelsthür,
Da schrie Sankt Peter: Pack nur ein
Du alte Hure du!
Du kömmst hier wahrlich nicht herein,
Fahr' nach der Höllen zu!
Nur halte dorten Ruh. —
Und strals schlug er die Himmelsthür
Ihr vor der Nase zu.